DIVORCIADAS y SALIENDO EN CITAS
UN MANUAL ADELANTE
CÓMO NO TERMINAR CON UN LIMON DE OTRA
MUJER.

DIVORCIADAS y SALIENDO EN CITAS

Copyright@2008 by TD McRoy

Library of Congress Number: Txu1-323-186

ISBN: 978-0-6152-3852-4

Reservados todos los derechos. Ninguna porción de este libro puede ser reproducida, almacenada en un sistema de recuperación, o puede ser transmitido en cualquier forma o por cualquier fotocopia electrónica en la manera, mecánica,, registrando, o cualquier otro excepto para cita breve en las revisiones impresas, sin el anterior permiso del editor publicista.

T.D. MCROY

Contenido

ACEPTACIONES ....PÁGINA 4
DEL AUTHOR........................PÁGINA 5
EL CAPÍTULO........................PÁGINA 6
EL CAPÍTULO II...........................PÁGINA 12
EL ACERCAMIENTO...............PAGINA 13
CATEGORÍAS 1, 2, 3 ....PÁGINA 15
EL CAPITULO III ....…......PAGINA 27
EL CAPITULO IV ....…..PAGINA 35
LA LISTA DE ADVERTENCIA DE LA TORMENTA............... ....PÁGINA 36
LISTA RÁPIDA ....…...PÁGINA 46
LAS MUJERES LAVADAS DEL CEREBRO ....PAGINA 48
EL COMPROMISO ....…...PAGINA 52
GUÍA DE COMPATIBILIDAD...… PAGINA 53

ACEPTACIONES

Me gustaría agradecer a dos mujeres que, a todo lo largo de mi vida, me han inspirado con sus palabras amables. Gracias, las señoras, por el regalo de conocimiento que me ha dejado ayudar a tantos otros en tiempo de necesidad.

Evelyn (Moore) McRoy

Christine (Manning) Setzer

DEL AUTHOR

Si usted es divorciada y saliendo en citas, y una novia cercana, un miembro familiar o el compañero de trabajo le dio este Manual, considérese bendita para tener alguien que le importa tan profundamente acerca de ti..

Hoy vivimos en tal sociedad "YO-YO-YO" que es difícil de encontrar a una persona compasiva estando dispuesta a ir de esa milla adicional. Afortunadamente, usted tiene a tal persona en su vida. Ese amigo de confianza ha estado allí para usted en el pasado y continuará estando allí para participar en sus preocupaciones y sus lágrimas también.

Pues para alguna de ustedes, este Manual podría ser un último esfuerzo de la zanja para ayudar a colocarle un curso nuevo. Aunque su amigo la ama, y usted le importa muchísimo, es muy difícil para ellos acostarse y observarla
Hacer los mismos errores con el mismo tipo de hombre repetidas veces.

Pues para algunas de ustedes, este Manual podría ser una oferta final de asistencia de un amigo o un miembro familiar que ha tenido bastante de oír sus problemas. Se fatigan de ayudar cuando usted no se ayuda a sí misma.

Si usted aprecia su amistad, lea este Manual, dígales que usted los ama y les promete que usted vivirá una existencia más provechosa. En otras palabras, es hora de asumir el control de su vida.

EL CAPÍTULO

Este Manual fue escrito exclusivamente para divorciadas que salen en citas, para ayudarlas a determinar si el hombre que recién han conocido hará un buen consorte o si él es Limón-Creature de otra mujer o una criatura De Dos Caras haciéndose pasar por una persona estupenda. Discute los avisos de emergencia cuando tratando con menos de un hombre honorable, quién, con el objeto de este debate, serán llamados Limón-Creature y criaturas De Dos Caras.

Definiciones:

La criatura de limón – Un Limón-Creature es un hombre que anda buscando arruinar la vida de otra buena mujer. Él fue un limón cuando su primera esposa lo volvió fuera del destino, y ahora él trata de encontrar una dueña nueva. Si él fuera un coche, el estado le inscribiría como un limón.

La criatura de dos caras – Una criatura de dos caras es un hombre que le dice a todo el mundo que él nunca ha sido casado o ha estado casado menos tiempo que en realidad. Él le puede decir que tiene niños o él puede decir que él está sin hijos cuando, de hecho, él tiene cinco de ellos él cual no los mantiene. Usted *nunca* sabrá la verdad acerca de esta criatura por las mentiras increíbles que él dice.

Si usted se encuentra a bastantes personas que han cruzado los caminos con él, usted puede encontrar que su padre murió tres o cuatro veces durante un intervalo de 10 años. Él le pedirá dinero cada vez que tenga una "emergencia."

Este amigo es un entrometido y un ladrón y nunca debería ser confiado a solas con su bolso o algunos otros artículos de valor.

En muchos casos, las criaturas De Dos Caras tienen dinero propio, pero siempre parecen pedir un par de dólares aquí y allá. Las peticiones pueden dar por resultado una cantidad sustancial de dinero en el tiempo de un año.

Usted puede echar de ver que su bolso se voltea para arriba en un lugar diferente que donde usted recuerda dejarlo. Las tarjetas de crédito pueden ir perdidas y misteriosamente pueden regresar, así como también las declaraciones acompañantes que vienen en el correo.

El último capítulo de este Manual incluye una guía remisiva que provee una comprensión evidente y precisa acerca del tipo de hombre que usted debería apartarse. Revíselo antes de salir en esa siguiente cita caliente, o estúdiela mientras usted está esperando que ese alguien especial llegue.

Muchas mujeres divorciadas tienen un tiempo difícil determinando si un hombre que acaban de conocer fue Limón-Creature de otra mujer o una criatura De Dos Caras disfrazada. Este Manual claramente listará los signos de avisos que esos hombres emiten.

Muchas mujeres divorciadas an deseado por mucho tiempo encontrar a ese hombre especial que las convencerá que sus exmaridos estaban totalmente equivocados acerca de ellas. Sin embargo, como aprenden los signos de avisos de Limon-Creature y las criaturas De Dos Caras, las mujeres descubrirán que el problema era el hombre todo el tiempo. Se aclarará dolorosamente que muchas de ustedes estaban tratando de hacer una vida de criaturas inmaduras en vez de con hombres maduros.

Muchos hombres tienen la capacidad de convencer a las mujeres buenas que son sin valor y que ningún otro hombre alguna vez querrá o las apreciará.
Pero lo que las divorciadas así como también mujeres que salen en citas necesitan comprender es que esos irrespetando, Limón-Creature, egocéntrico o criaturas De Dos Caras es los que son verdaderamente miserables y completamente infelices con su propia vida.

Por eso, tomarán su sufrimiento hasta sus tumbas. Pero estoy encantado de anunciar que ninguna de mis amigas divorciadas que salen en citas irán con ellos, gracias a este Manual.

Esas criaturas le dicen esas mentiras para poder mantenerla desgraciada, como lo son ellos, mientras dándose poder y placer por encima de ti. Nada hace a esas criaturas sentir más superior que cuando están de pie sobre los cuellos de una Buena mujer.

Si esto suena como al tipo de hombre con el cual usted ha pasado el tiempo, siento mucho decir que usted tuvo un Limón-Creature tan pronto usted salio a su destino. De cualquier forma que la relación terminó, usted debería agradecer sus estrellas afortunadas que él es ausente.

Lo que es más preocupante a mí es que tantas mujeres divorciadas, que salen en citas están a punto de hacer conexión con otro Limón-Creature o una criatura De Dos Caras ?. ¡Les traigo esperanza! Después de leer este Manual, usted puede encontrar que el lindo amigo que usted se encontró algunas semanas atrás, puede ser un Limón-Creature o una criatura De Dos Caras disfrazada. Entonces, es sumamente importante aprender a defenderse de estas criaturas que vagan por la tierra.

Me gustaría decirle que este Manual es la respuesta para todo su concierne de citas y simplemente leyéndola; Le traerá al hombre de sus sueños. Apenado decir que ningún libro puede hacer eso. Lo que puedo ofrecer, sin embargo, es una comprensión evidente del tipo de hombres que usted debería ser concernió al considerar haciéndoles una parte de su vida.

Las mujeres divorciadas son notorias por desvivirse para hacer operar cada relación después de su divorcio sin tener en cuenta el tipo de hombre involucrado. Pero no pierda su tiempo con un Limón-Creature o criatura De Dos Caras, justamente para probar a su exmarido sin valor que hay alguien que la quiere y está dispuesto a estar con usted. Si ese es el tipo de hombre que usted desfila alrededor el pueblo, la única persona que usted engaña al fin, es usted misma.

Las muchas personas creen que una relación atinada empieza con cada persona dando 50 %. 50 y 50 iguales 100 es lo que la mayor parte de nosotros hemos sido informados, ¿correcto? La verdad es que cada persona debe dar 100 % para hacer una relación atinada.

Cuando una mujer divorciada se sobre-compensa en una relación nueva, ella tiende a dar 100 % desde el principio. Pero muchas veces el hombre no da su 100 %.

¿Sabe usted la clase de hombre que nunca da 100 % en una relación, pero está más que feliz sacando 100 % de una relación? Las criaturas de limón y las criaturas De Dos Caras.

Usted no puede tener una relación atinada cuando su socio no da 100 %, no importa que forma usted intenta. Pero por definición nadie puede dar más que 100 %, así es que no sea conducida con engaño a pensar que usted esta aguantando el porcentaje de su pareja, al dar 100%.

Muchas mujeres divorciadas parecen nunca haber aprendido las señales que los hombres exhiben en las citas, y son esas señales que necesitan saber y vivir, para establecer una fundación firme de citas.

Muchos Ph.D. s superiores Han pesado el salir en citas. Sus libros de autoayudas pueden ser encontrados llenando estantes a través de América y pueden tener un montón de conclusiones interesantes. Pero en este mundo de tráfago que residimos, ¿quién tiene el tiempo para enfrascarse en la lectura de 18 a 20 capítulos de información?

Lo que he hecho es tomar los hechos más importantes acerca de hombres, y sus rasgos definitivos y lo he consolidado en cuatro capítulos fáciles de entender.

Cada capítulo le ayudará a determinar si un hombre hará un buen consorte o si él es un Limón-Creature o criatura De Dos Caras disfrazada. Una vez que usted ha aprendido las señales delatoras de estas criaturas, usted puede asumir el control de su destino de Citas.

Muchas de mis conclusiones pueden parecer escandalosas, pero como estos métodos son aplicados en situaciones de la vida real, usted pronto se enterará de que mis conclusiones están más al punto, que los libros de esos profesionales que usted podría haber leído.

La razón por la cual escribí Este Manual es, tantas de las amigas divorciadas que exitosamente he aconsejado a través de los años, me urgió hacerlo. He escuchado historias de muchas divorciadas que salen en citas, que los hombres que veían resultaron en ser todo menos un buen compañero. Deje a la verdad ser dicha – él fue un Limón-Creature cuando usted lo conoció. Ahora usted esta confrontada a intentar de sacar ese sabor agrio de su boca.

Lo que usted necesita aprender es cómo completamente reconocer las señales del Limón-Creature y las criaturas De Dos Caras mucho antes.

EL CAPÍTULO II
" El Concurso y Saludo "

El único secreto para encontrar a un buen hombre y determinar si fue anteriormente, Limón-Creature o criatura De Dos Caras, es aprender las señales que cada hombre posterga en una primera cita.

La primera cita es la más importante de toda, porque le da la mejor oportunidad para comprender la naturaleza verdadera de un hombre antes de que usted se vuelva emocionalmente involucrada. Cuándo usted sabe cuáles señales buscar, es virtualmente imposible que un hombre esconda sus intenciones verdaderas.

Lo que usted está a punto de aprender le puede conmocionar, pero el tiempo ha venido a dejarle enterarse del secreto mejor mantenido desde el asesinato de Kennedy. Muchas mujeres creen que el arte de determinar quien es un buen consorte es uno difícil. Mucho como cualquier otra cosa en la vida, sin embargo, el conocimiento es poder, y una vez usted aprende la verdad, usted tendrá el poder.

Así es que antes de usted hacer cháchara con un hombre, hay algunas cosas importantes para considerar.

EL ACERCAMIENTO

Si un hombre emprende la conversación acerca del clima, las afueras, la hora del día u otro tema general de interés, no hay probablemente razón por estar en guardia. Pero si él usa una línea como "Usted parece un modelo, usted tiene los ojos más bellos que he visto" o "Usted es la persona más bella en cual alguna vez he puesto los ojos," es hora de ponerse el chaleco a prueba de balas.

Aunque los cumplidos bien pueden ser ciertos, usted debería ser consciente de que muchos Limón-Creature y criaturas De Dos Caras rutinariamente usen este tipo de línea abridora. Es lo que se llama la pesca.

Para pescar, un hombre necesita cebo, y el cebo es la negrita, halago. La cogida es usted, la divorciada que sale en citas.

Ésta es una declaración de suma importancia, así es que quiero que usted lo recuerde: **¡Los hombres echan una moneda a cara o cruz alrededor de los cumplidos atrevidos para las mujeres extrañas todo el tiempo!** Lo hacen en las esperanzas de colocar un pedacito de comida en su cebo. Tan pronto como su cara se ilumina, piensan que le pueden devanar adentro.

Solamente porque algún suave-lanza tira un cumplido a tu manera, no piense que usted sea la única mujer en el mundo en el cual él lo ha utilizado. Los hombres tienen aproximadamente cinco buenos versos que usan todo el tiempo.

Si los hombres fuesen requeridos por ley, llevar puestas cámaras del casco y usted podría ver el metraje de cómo y cuantas veces se lanzaron alrededor de cumplidos, para las mujeres extrañas, usted no se sentiría halagada cuando una de las líneas se lanza en su dirección.

Durante el acercamiento inicial los hombres le colocarán en una de las tres siguientes categorías. A cuál usted quiere ir, es enteramente decisión de usted.

CATEGORÍAS

La categoría 1

Simplemente jugando las probabilidades.

La categoría 2

Él sólo quiere hacer el amor con usted.

La categoría 3

Él en realidad quiere conseguir conocerle.

La categoría 1 es la categoría más usada porque muchos hombres' son Como el viejo juego Pac Man de la computadora. Miran a cada mujer que cruza su camino Como ese granulado Pac Man amarillo – en condición de ser engullido. Juegan las probabilidades haciéndole insinuaciones amorosas a cada mujer que ven. No importa lo que la mujer parezca, terminan viéndose como un montón de granulado Pac Man.

Una de las cosas más interesantes que tengo aprendidó acerca de la Categoría 1 es más veces que no, mujeres se subdividen en esta categoría sin darse cuenta de ella.

Si a usted están todo el tiempo haciéndole insinuaciones amorosas en el trabajo, usted manda fuera ese vibráfono para los hombres tan pronto como entren en la oficina. Todo lo que toma es una mirada sutil, una mirada o una sonrisa para anunciar para un hombre hambriento en sexo cual de las señoras quiere atención.

Los hombres se han enterado de que son esas mujeres que van al trabajo en cualquier cosa aparte de indumentaria conservadora que generalmente buscan la atención. Reciben esa atención, mientras reclamar todo el tiempo a los compañeros de trabajo cuánto lo odian.

Los hombres tienen un sexto sentido acerca de mujeres que quieren atención. No es diferente a los animales en naturaleza. Cada animal masculino en el planeta tiene ese sentido, y los mamíferos masculinos no son diferentes.

Cada oficina tiene a una mujer a la cual ningún hombre se acercaría. Más probablemente esa mujer está casada y conocida entre la oficina como "la bruja." Y los hombres pueden tener sospecha que ella no tiene interés por las vibras que ella posterga claro y fuerte.

Sin pronunciar una sola palabra, ella les dice a los hombres que guarden su distancia. Ella no quiere ser molestada, y, por extraño que parezca, los hombres casi nunca le dan a ella una segunda mirada.

La mayoría de las mujeres en la oficina en verdad creen que a ella no le hacen insinuaciones amorosas por la forma que ella se viste o una mirada ruda en su cara. Pero estoy aquí para decirle que un Limón-Creature inmaduro o la criatura De Dos Caras le podría importar menos lo que cualquier mujer lleva puesta o la expresión en su cara con tal de que él piense hay una probabilidad para obtener lo que él quiere de parte de ella.

Si usted es seria acerca de encontrar a un buen hombre y no terminar con una criatura, usted tiene que darse dé cuenta de las señales y signos que usted da a los hombres.

Si a usted constantemente se le hacen insinuaciones amorosas en la oficina, usted es probablemente la primera persona para ser colocada en Categoría 2.

Esta categoría es la categoría mas frecuentemente usada por hombres inmaduros sobre la edad de 25 que no han madurado después de la edad de 18 y todavía viven en un mundo de fantasía. Muchos hombres que comenzaron a beber en una edad muy joven parecen rondar esta categoría.

Una vez que las mujeres se enteran de que un hombre comenzó a beber en una edad joven, también descubren que su mente dejó de madurar en ese momento. Eso es evidente por su comportamiento inmaduro.

Estos hombres creen que le pueden proveer el tremendo placer a las mujeres solamente basadas en sus habilidades ambiciosas mecánicas. Pero como usted pudo haber aprendido por los encuentros con ellos, eso no siempre es el caso.

Muchos hombres inmaduros fuertemente creen en Categoría 2 porque verdaderamente sienten que le proveen un gran servicio a las mujeres "solitarias, despojadas" en el mundo. Usted está en cima de la lista porque piensan que usted propicia cogidas fáciles.

Según la mayoría de los hombres, la Categoría 1 es usada tan casualmente como un capirotazo de una moneda. La razón por la que usted fue acercada en primer lugar, tuvo más que ver con las vibras y las señales sutiles que usted pone fuera, más que cualquier interés auténtico en usted. Los hombres que usan esta categoría tomarán cualquiera que se aproxime al plato y este dispuesta a abanicar.

Si usted conoce a los hombres en el trabajo, constantemente le colocan en la Categoría 1 poco antes de que usted vaya a dar a la Categoría 2.

Mencioné al principio de este capítulo que depende de usted para ir a dar a la categoría que usted prefiere, y esa es Categoría 3 – la categoría de respeto.

Los hombres tienen un pizarrón imaginario de respeto en sus mentes. La mayoría no saben que el pizarrón existe pero lo usan todo el tiempo. El pizarrón tiene sólo dos lados. Un lado es Respeto, y el otro es Falta de Respeto.

Categoría 1 y Categoría 2 ambos caen debajo de la Falta de Respeto lateral del pizarrón. La categoría 3 aparece en el lado de Respeto, el cual es el lado que usted debería esforzarse por estar adelante si usted quiso estar en el pizarrón.

Determinando cuál lado usted termina empieza el momento que un hombre introduce su vista. Algún flirteo inofensivo entre usted y el hombre que usted acaba de conocer puede parecer lo suficientemente inocente, pero para el Limón-Creature o criatura De Dos Caras, le puede poner un lugar de primera clase en la Falta de Respeto lateral del pizarrón.

Mujeres Divorciadas que salen en citas deberían permanecer apedreada afrontada cuando son acercadas por un hombre usando una de las líneas remarcadas de cumplido (i.e. "Usted se ve como un modelo"). Desarrollar una buena cara inmutable es una de las mejores defensas que usted puede tener.

Las abuelas decían a las jovencitas que era el trabajo del hombre acercarse a una señora y ser considerado. Así es que cuando un hombre se acerca a usted y le pega un cumplido, ofrezca una simple inclinación de cabeza o una sonrisa sutil de gracias. Eso le deja mantener control sobre la situación sin parecer rudo.

Si usted es coqueta y acometedora, usted está seguramente con membrete directamente para la Categoría 2 y la Falta de Respeto lateral del pizarrón imaginario. Así es que es mejor no mostrar demasiado entusiasmo.

Si él nota su cara ligera levantada después de lanzarle algunas de sus líneas genéricas del bar, él continuará cubriéndole de cumplidos. Él se da cuenta muy de prisa que él simplemente ha conocido a una mujer con estima de ego muy baja. Aunque usted podría parecer seguro por fuera, es claro a él que usted suplica atención por dentro.

Desde ese momento en adelante, todo lo que él necesita hacer es entonar despacio cumplidos de el tamaño de softball a tu manera, hasta que él obtenga lo que él quiere. Y confía me; Es justamente cuestión de tiempo hasta que eso ocurra.

Sé que usted quiere creer todas esas cosas estupendas que él dice a usted, pero la verdad dice que él probablemente les dice lo mismo a todas las mujeres que él conoce. Si le interesa usted conseguir conocer a este hombre, es decisión de usted controlar la conversación y hablar de algo más físico.

Los hechos que los hombres saben acerca de las mujeres: Las mujeres con estima baja de ego son los blancos más fáciles en el planeta.

¿Cómo sabe un hombre si usted tiene asuntos de autoestimas? Porque su cara se ilumina cuando él ofrece uno de sus cumplidos atrevidos - esos mismos cumplidos él ha estado lanzando alrededor de pueblo toda la semana.

Todo el mundo disfruta de una palabra elogiosa o dos, pero no deje a esa ser la fundación para comprometerse con un hombre. Es mejor no revelar más de la cuenta acerca de usted misma hasta que usted se asegura de que él no sea un Limón-Creature o criatura De Dos Caras.

Una mujer con una cara inmutable puede tirar una de las criaturas fuera de su juego todo el tiempo. Muy probablemente él seguirá adelante y buscará a fondo presa más fácil. Con sólo una puñada de líneas del bar, él no está tramando el reto.

Nada valedero en la vida llega fácilmente, y usted es definitivamente valedero, así es que deje de facilitar a estas criaturas a volverse involucrado con usted. Sálvese para alguien que negocia usted como una señora durante los buenos tiempos y lo mal.

Antes de seguir adelante, toquemos en mujeres con problemas de autoestimas otro poquito.

Las mujeres que tienen esos asuntos pueden necesitar ayuda ocupándose de esos problemas. Además de recibiendo consejo profesional, usted tiene un montón de buenos libros en el mercado elegir.

Mi trabajo aquí es ayudarle a aprender la verdad acerca de hombres y los trucos que suelen captar su corazón para sus razones carnales y financieras. No sea engañada por las mismas viejas líneas o por el juego que pesca. Si usted lo hace, usted es propensa a colocarse para una relación condenada para el fracaso.

Las cosas extrañas comienzan a ocurrir después de que el Limón-Creature y criatura De Dos Caras gastan las semanas bombardeando a mujeres con líneas de cortesía. No sólo las mujeres comienzan a creer qué él esta diciendo, pero la criatura comienza a creerlo también.

Convenciendo la divorciada, que sale in citas, que ella es bella y sexualmente atractiva, él ha consentido ciertos favores, como dinero, refugio y bastante amorío. Inversamente, una vez que la criatura recibe esos favores, una repentina transformación toma lugar.

Él ya no la ve en la misma luz, que una vez la vio. Y como cada día pasa, él pierde interés en usted y comienza a tratarla más como una criada que una novia.

Obténgame esto, obténgame aquello. Haga esto, haga eso. No hay nunca uno "por favor" o "gracias" de la criatura.

Esta transformación parece increíble, pero les ocurre a divorciadas que salen en citas, mientras usted lee este Manual.

Algunas de ustedes aun pueden estar reexaminando al hombre estando sentado sobre su sofá ahora mismo.

No estoy exactamente seguro cómo la transformación se lleva a cabo en la mente de la criatura, pero podría ser el poder de sugerencia que han hecho que el crea sus mentiras hasta que él obtuvo lo que él quiso de usted.

El panorama generalmente va algo así: Usted ha estado saliendo en citas por algunas semanas, y falta dormir juntos. Usted se encuentra volviéndose cada vez más descansadamente con él por todas las cosas elogiosas que él le dice.

Él le conduce lugares, él tiene paciencia mientras usted va de compras, él está sumamente atento, OH y por la manera, ¿mencioné halagar? ese cambio es bienvenido porque su exmarido nunca decía este tipo de cosas a usted.

En ese entonces ocurre; Algo cambia dramáticamente sin previo aviso. Repentinamente este gran amigo que siempre actuó como el caballero perfecto cambia de la noche a la mañana.

Usted se da una paliza a usted misma, preguntando, "¿Qué habré hecho mal?"
Nunca una vez usted consideró que sólo podría haber sido él.

Déjeme decirle lo que usted hizo incorrectamente. Usted hizo el amor con un hombre que usted apenas conoce, quién estaba sólo interesado en los dulces.

Para ser claro, la única cosa que la criatura quiso desde el principio era meterla en el saco. La forma más rápida que él pudo hacer eso fue haciendo literalmente resaltar los pantalones fuera de usted.

Hago una apuesta que usted estaba afuera diciéndoles a todas sus amigas y su familia cómo usted conoció a este amigo realmente bueno. Ahora usted se percata que fue un error aun mencionar a un hombre que usted no se había dado tiempo de conocer y tiene la impresión de que usted necesita quedarse con él para no parecer tonta.

Esta no es buena hora para ser orgullosa. Tráguese su orgullo, aprenda de los propios errores y siga adelante. No lo mantenga alrededor porque usted se avergüenza repudiar sus reclamos originales acerca del Sr. Maravilloso.

Deje a las personas hablar, y qué importa. Espera algunas semanas y esas mismas personas tendrán a alguien nuevo acerca cual chismear, y su historia pasará al olvido.

Todos nosotros cometemos errores, pero esa no es razón para continuar haciéndolos. Simplemente acuérdese de que demora en conseguir conocer a alguien, y añadiéndole el sexo a la ecuación mientras usted todavía experimenta la etapa iniciática es estúpida en el mejor de los casos.

Muchas personas restauran autos antiguos para ganarse la vida, y si usted les pregunta si es posible restaurar un coche antiguo en forma que gana sala de exhibición al conducirlo de acá para allá para trabajar cada día, dirían que no. Un coche no puede estar correctamente restaurado a menos que usted lo deje de guiar, y lo ponga fuera de rumbo.

Haciendo el amor con un hombre que usted sólo acaba de conocer es similar a eso. Si usted quiere que una relación estuviera lo mas posible cerca de la perfección, usted necesita sacrificarse al principio. Es así de simple.

El consejo del Autor: Como un estándar, soportaría a divorciadas que salen en citas, y adoptan una regla de tres meses para el sexo. Eso quiere decir no tener sexo con un hombre que ella acaba de conocer por solo tres meses.

Eso le da tiempo en abundancia para entrevistar al hombre y realmente conseguir conocerle. ¿Piensa usted en realidad que usted puede averiguar todo lo que usted necesita para saber tan hombre en algunas semanas? Si es así, usted está loca.

Mi madre me ha conocido mi vida entera y desde hace muy poco ha aprendido que soy un autor. Mi punto es que demora en conseguir conocer a alguien, y tener relaciones sexuales tan pronto no es simplemente el tiempo suficientemente.

Sé que hay muchas de ustedes rodeando sus ojos y diciendo, ¿"Dejar el sexo por tres meses? ¡No yo!"

Considere esto: Si usted no tiene autorrespeto y autocontrol, ningún hombre alguna vez lo tendrá para usted, no importa cuán gran un amigo él puede ser. Una vez que usted pierde ese autorrespeto, es una de las cosas más duras para alguna vez regresar.

Los medios noticiosos se llenan de imágenes de sexo sexual, sexo en todas partes, pero usted tiene que sobreponerse a él. No deje a nuestra sociedad capitalista regir su juicio moral más alto.

Pensar como una mujer de la calle sólo le aterrizará a un hombre que nunca le respetará. El intentar convencerse que usted es la que quiso sexo no será excusa. Usted todavía terminará en el pizarrón de falta de respeto de la vida.

Hecho: Los hombres se acostarán con una mujer que nunca considerarían salir en cita en un millón de años. Sin importar la mujer, si ella reparte eso, hay un hombre afuera quién será más que feliz de participar.

Hecho: Las mujeres sólo se acostarán con un hombre que considerarían salir en cita si las circunstancias le permiten.

Antes de dejar el tema de divorciadas que salen en citas y mujeres con problemas de autoestimas, quiero poner la dirección en algo que puede ser un asunto sensitivo.

Puede haber una razón involuntaria por qué tantos de usted escogen al hombre equivocado. Usted le selecciona porque él parece familiar para usted de algún modo. Sólo más tarde usted se da cuenta de que él le recuerda de su padre.

El problema con ese es su padre pudo haber sido un Limón-Creature o criatura De Dos Caras. Afortunadamente para usted, como usted creía, su madre encubrió la naturaleza verdadera de su padre y mantuvo la situación familiar como la normalidad tan posible.

Si usted ahora sospecha que eso pudo haber sido el caso, fuertemente sugiero tener una conversación sincera con su madre para romper la cadena de atraer estos tipos de criaturas de abuela para la madre, de madre para la hija, etcétera.

Como haya dicho previamente en el Manual, no soy un doctor o una ayuda profesional apagada especialista y recomiendo en buscadora conductista en una materia como ésta.

Siguiendo adelante. . .

EL CAPITULO III
"primero salga en citas"

Comencemos con la panorama de fechado más común. Encontrándose para bebidas y algo que comer en un restaurante o bar local.

La primera cosa que usted necesita saber es nunca encontrarse en un bar por una primera Cita.
¿Por qué? El hombre puede tener un problema con la bebida, y éste no es el tiempo o lugar para enterarse.

Encontrarse en un restaurante es una forma mucho mejor y más segura para enterarse si él tiene un problema con alcohol. Cualquier hombre que tiene cinco cervezas o cócteles sobre el curso de una comida le darán una idea bastante buena que él tiene un problema.

Y si ese es el caso, es más fácil de excusarse para el resto de la tarde de un restaurante que intentar alejarse de una escena del bar.

Si usted elige sentarse a una cabina, es siempre buena idea mantener el hombre al otro lado de la mesa. De ese modo, usted puede ver la expresión en su cara y puede ver ese brillo pequeño sucio en su ojo cuando primero empieza.

Manteniendo a distancia a un hombre en la primera cita logra dos meras cosas importantes: Le previene de volverse demasiado confiado y mantiene su mente en la conversación y fuera del reconocimiento médico.

Hablando de conversación, manténgale ligero. Nunca deje a las cosas volverse sexuales o dejar a la profanidad entrar en la conversación en cualquier momento. Usted ha tenido puesta la llamada bastante con su exmarido, o el exnovio, así es que el respeto es su prioridad sobresaliente.

Es un bloque constructivo crucial para una unión atinada entre dos adultos. Usted necesita respetarle y él lo necesita para usted.

La tarde ha ido bien hasta ahora, así es que es hora de hacer planes para el resto de la cita. Otra vez, manténgase fuera de los establecimientos de tipo de bar /salón donde todo lo que las personas hacen es holgazanear y hablar cómo hartan sus vidas.

Una posibilidad es un cabaret. Baile si Usted quiere, o sólo diviértase de "observando las personas."

Encuentre un lugar para sentarse enfrente de la pista de baile. Eso es cuando usted se enterará si el hombre desea conseguir conocerle o si él está allí para conseguir CONOCERLA.

Si él inicia a frotarle de prisa en su dedo o en la rodilla, esa es una señal que él se vuelve interesado en usted en una forma física. Usted puede que no considere su comportamiento ofensivo, pero él viola su espacio personal.

Si este comportamiento sutil y aparentemente inofensivo está permitido continuar, puede convertirse en un cuerpo humano lleno incondicional, el hombro y la parte trasera se rozan dentro de breve tiempo. Entonces, es importante enviar un mensaje claro que sus acciones no son garantizadas.

Tratando de alcanzar su bolso, su bebida o excusándose ir al cuarto de baño puede cruzar el mensaje a menos que usted esté fuera con un tonto redomado que no puede ponerse al día con indicios sutiles. Éste es el primer paso grande para controlar la situación y mantener el respeto que usted debería tener de cada hombre que le invita a salir.

Si usted no toma cartas en el asunto, el hombre seguramente le pondrá en el pizarrón de falta de respeto de la vida.

Después, él puede intentar desentumecerle obteniéndole un poco achispado. No ceda. A usted le toca el turno esta cita para dos razones: Para ver si a usted le gusta este amigo y para enterarse si él la respeta actuando consecuentemente. Si no, no habrá una segunda Cita.

Si el hombre quiere conservar su vaso lleno de vino o le dice que usted bebe mucho más lentamente, usted necesita darse cuenta de sus intenciones para emborracharla. Simplemente dígale que usted no hace planes de tener más que la bebida que usted ha sido servido.

Hablando de su bebida, es siempre una buena idea mantenerla visible. Si usted va al servicio, tome su bebida con usted, especialmente cuando usted está con un hombre en quien usted aún no confía.

Cuándo un hombre hace un asunto de su falta de bebidas, en ese entonces interruptor para refrescos para el resto de la tarde. Si él está preocupado por su humidificación, él le puede llenar de bebidas de dieta. Pero si usted intercambia para sodas y él nunca menciona la cantidad que usted consume, se puede afirmar con cierta seguridad que fue el alcohol que él quiso meter en usted, seguido por su garrapatee más tarde.

En algún punto usted puede echar de ver que su cita comprueba el tiempo cada vez más frecuente. Eso puede ser seguido por él sugiriendo que usted agote algún tiempo a solas, juntos, en alguna parte más quieta, queriendo decir su posición social o la tuya.

Si usted decide conceder su petición, asegúrese de que usted escoja su lugar. Eso le provee de la ventaja del equipo de la casa.

Tan pronto como usted llegue, infórmele al hombre que si él quiere venir adentro él debe tener por entendido que usted tiene una política de no intervención y si él quebranta eso domina, él recibirá instrucciones de largarse inmediatamente. Si él está de acuerdo con la política, entonces pregúntele adentro.

Recuerde, ésta es la primera cita, y usted no tiene ni idea donde este hombre pudo haber tenido desayuno o almuerzo. No esté en tal prisa para jugar kissy-face con alguien que usted apenas conoce.

Después de sentarse juntos en el sofá, usted puede volverse lo suficientemente confortable con su cita para dejarlo frotar una rodilla o el lado de su pierna o tal vez la parte superior de su mano mientras él la sujeta. Pero apéguese a su política de no intervención original para evitar algunos mensajes mixtos.

Seamos honestos, cualquier hombre que quiere un poquito de acción acordará más cualquier cosa para entrar en la puerta.

Así es que se deduce que él puede intentar convencerle de separarse de su regla de no intervención porque él piensa que él es tan irresistible.

Dado la probabilidad, él la rozará como si no hay mañana – en el brazo en el hombro, en la pierna al dorso en la cabeza en la rodilla. En todas partes pero donde una mujer divorcida, que trabaja duro desea una buena frotación, en el fondo de sus pies.

Aquí hay otro secreto bien cuidado acerca de hombres: Sabe usted que la clase de hombre frotara, ¿ y frotará y frotará intentando exitarte? Un hombre inmaduro.

Cuando comenzamos a salir en citas como jovencitos, aprendimos que la manera en el cual exitar jovencitas es el tacto. Pero como algunos de nosotros maduramos, descubrimos que tuvo menos para hacer con toque y más para hacer con emoción.

Algunos de nosotros inteligentes aprendimos que si podríamos poner jugos de una chica a fluir con emociones, en ese entonces podríamos sumamente tener éxito con toque. Desafortunadamente, muchos hombres no obtuvieron ese memorándum.

Un hombre maduro no va a pasar el tiempo frotándole un hueco en usted. En lugar de eso, él demorará en conseguir conocerle y sacar en claro sus preferencias para afirmar que la siguiente cita estará aún más excitante.

Si su compañero de cita gasta ese tiempo de calidad en su lugar intentando meterse en sus pantalones, no hay remedio él planifica algo en el futuro a menos que él quiera regresar a hacer otro intento.

Si él tiene que dejar tan encendido la primera cita con sólo un picotazo a la mejilla, usted puede creer que él preguntará cuándo la puede ver él otra vez. Él hará todo lo que él pueda para mantenerla cercano hasta que él obtenga lo que él quiere.

Ahora usted puede ver por qué es la regla de tres meses tan importante.
¿Por qué entregarse a un hombre que va a irse corriendo?

Si el sexo es todo lo que él quiere, ningún hombre va a mantenerse gastando dinero en usted por tres meses si usted no lo prescinde. Aunque muchos hombres se mantenenran guindando un tiempo esperando usted cederá, si usted fuera fiel a la regla de tres meses, aun los reproductores sobresalientes en el negocio cederán mucho antes de eso.

Un hombre que no está verdaderamente interesado en estar con usted, no necesita estar dentro de usted. Simplemente estando con usted debería ser más que suficiente.

El sexo es siempre agradable cuando usted hace el amor. Sólo el sexo es golpe o fallo, pero hacer amor es genial todo el tiempo.

Alguien que no cree en esa última declaración recién ha estado teniendo relaciones sexuales y llamando eso amor.

Si usted decide implementar la regla de tres meses sin sexo, no comparta esa información con el hombre cual usted esta saliendo en citas. De otra manera, todo lo que él necesita hacer es esperar 90 días, y él hará eso manteniéndose en contacto con usted casualmente por las siguientes 12 semanas.

Lo que estoy a punto de ofrecer a usted es el secreto más asombroso alguna vez revelado en este Manual. El secreto es tan poderoso que es diseñado detener a cualquier tipo de hombre, hambriento en sexo en sus huellas. Le llamo a esta arma el cinturón verbal de castidad de infierno.

Digamos que usted ha estado saliendo en cita con un amigo particular durante algún tiempo, y usted ha sido moderadamente íntima con él – besándose y abrazándose en mayor parte, pero usted se mantiene fiel a la regla de tres meses.

A usted le gusta mucho a él y disfruta del tiempo íntimo que ustedes comparten juntos, pero él insiste en que usted lleve relación física para el siguiente nivel.

Si él es un caballero y la respeta, esta siguiente declaración clausurará cualquier avances amorosos de él referente al sexo. Aun los mejores jugadores en el planeta no pueden hablar su manera alrededor de este.

Mire directamente en sus ojos y diga, " me gusta mucho usted, pero pienso que parece justo darle aviso que sólo tengo sexo con hombres con el cual estoy enamorada y los hombres que están enamorados conmigo."

¡Algunos hombres pueden decir, " Pero Yo le amo!"

Tenga a la vista que los amigos le dirán exactamente lo que piensan que usted necesita escuchar para meterse en su casa y en su cama. Si el hombre le dice que él se ha enamorado de usted después algunas semanas de salir en citas, la respuesta debería ser " Eso es muy dulce de usted, pero no le amo, y es importante para mi, yo estar enamorada antes de que me acueste con alguien que salgo en citas."

Entonces pregunte si él entiende. Si él comienza a hacer pucheros, digamos, " Si alguna vez viene un día cuando nosotros nos enamoramos, en ese entonces podemos hacer el amor, pero por ahora más bien esperaría. ¿Está bien?"

No tengo idea quien sacó de entre manos esa declaración, pero tiene efecto todo el tiempo. Deja al hombre con una de dos elecciones: Él, o puede honrar sus deseos o él puede salir de su hogar inmediatamente. De una o otra manera, él revelará lo que él ha estado pensando desde el principio.

Pensé que tuve todas las respuestas cuando llegó a las mujeres, pero hasta este día todavía no he sacado de entre manos cualquier cosa que puede penetrar en el verbal cinturón de castidad de infierno.

EL CAPITULO IV
" Las Advertencias de la Tormenta "

Esta subsidiaria es un guía remisiva para mujeres divorciadas que salen en citas, en el tipo de hombre que deben de estar al tanto y lista los rasgos inherentes que tienen tendencia a exhibir. Eso es seguido por una Lista Rápida de los buenos amigos que mujeres divorciados que salen en citas deben conseguir.

Para hacer esta sección ir rápidamente, explicaré las señales de las cual estar al tanto indicándolas con la Advertencia de Tormenta, Dando Aviso al principio de cada frase. Cada Aviso de Tormenta sugiere al tipo de hombres que usted debería ser cautelosa antes de entrar en una relación.

LA LISTA DE ADVERTENCIA DE LA TORMENTA

La Advertencia de la Tormenta # 1: Cualquier hombre que comienza a observarle detalladamente por hacer llamadas telefónicas innecesarias y no deseadas a todas las horas de la noche.

La Advertencia de la Tormenta # 2: Cualquier hombre que pierde interés en historias acerca de su familia y sus amigos.

La Advertencia de la Tormenta # 3: Cualquier hombre que se pone excesivamente negativo acerca de amigos e integrantes familiares él no es nunca conocido o sabe muy poco aproximadamente.

La Advertencia de la Tormenta # 4: Cualquier hombre que no está interesado en historias positivas acerca de sus niños y le restan importancia a sus logros.

La Advertencia de la Tormenta # 5: Cualquier hombre que constantemente cuestiona su honradez y fidelidad sin razón.

La Advertencia de la Tormenta # 6: Cualquier hombre que es excesivamente luchador o parece reprendido con holgura por otros, excepto marca usted el embate de su furia.

La Advertencia de la Tormenta # 7: Cualquier hombre que no es un jugador del equipo alrededor de amigos e integrantes familiares que son importantes a alrededor de usted.

La Advertencia de la Tormenta # 8: Cualquier hombre que se refúsa a pasar las fiestas alrededor de personas que son más importantes a usted.

La Advertencia de la Tormenta # 9: Cualquier hombre que está sin la era de 30 una carrera establecida o que ha fracasado en mantener el mismo trabajo por dos años consecutivos.

La Advertencia de la Tormenta # 10: Cualquier hombre sobre la edad de 30 que no tiene un confiable medio de transporte.

La Advertencia de la Tormenta # 11: Cualquier hombre que tiene un vehículo pero consistentemente hace usted el uso su coche al nunca ofrecerse a pagar por gas o ayudarle con cobra de reparación.

La Advertencia de la Tormenta # 12: Cualquier hombre con una problema con el juego, ya sea ese de ranuras, las cartas o quita raspando.

La Advertencia de la Tormenta # 13: Cualquier hombre que fuma si usted no hace.

La Advertencia de la Tormenta # 14: Cualquier hombre que bebe si usted no hace.

La Advertencia de la Tormenta # 15: Cualquier hombre que usa drogas ilegales o medicaciones de alguien si no las de la receta médica.

La Advertencia de la Tormenta # 16: Cualquier hombre que bebe dos noches en fila durante la semana laboral.

La Advertencia de la Tormenta # 17: Cualquier hombre que sólo le besa en que los labios cuando él quiere tener relaciones sexuales.

La Advertencia de la Tormenta # 18: Cualquier hombre que está obsesionado con sexo anal si usted no es.

La Advertencia de la Tormenta # 20: Cualquier hombre sobre la edad de 30 que no tiene una activa tarjeta de crédito. Eso sugiere problemas de crédito; No haga los problemas de el, sus problemas.

La Advertencia de la Tormenta # 21: Cualquier hombre sobre la edad de 30 que está viviendo con integrantes familiares o los amigos cercanos y no paga su parte justa de gastos de vivir o paga una cantidad irrazonablemente baja.

La Advertencia de la Tormenta # 22: Cualquier hombre que tiene un amigo íntimo que engaña su esposa o novia con el cual viva. Cualquier hombre que condona ese tipo de comportamiento no tiene escrúpulos o participa de ese tipo de actividad de sí mismo.

La Advertencia de la Tormenta # 23: Cualquier hombre que no tiene la paciencia que usted se prepare para el sexo. Cualquier hombre que requiere sexo de usted el mero segundo que él pregunte, pues tiene un gran problema. Las señales que estos hombres emiten son como sigue: Se vuelven enojadas si usted quiere completar una tarea previa o usted quiere limpiarse o ir al servicio antes de responsabilizarse por sus demandas.

La Advertencia de la Tormenta # 24: Cualquier hombre que exhibe firma de ser celoso de forma regular. Estos hombres le pueden acusar de clavar los ojos en otros hombres, vistiéndose en una manera erótica para el trabajo, hablando con hombres fantasmas de interés en la tienda de comestibles o haciendo contacto visual de otros hombres. Ese comportamiento le deja sin alternativa sino para pasear alrededor de clavar los ojos en el suelo en todas partes usted va.

La Advertencia de la Tormenta # 25: Cualquier hombre que es altamente dogmático acerca de su armario guardarropa. Él es en mayoría, probablemente un tramposo y / o una coqueta serial. El problema que él tiene con su elección de trajes es que si él se acercaría a una mujer vistiendose en la forma que usted haga, él piensa que otros hombres harán lo mismo. En otras palabras, él tiene demonios que pelean en su mente, que él ha manifestado siendo un tramposo y o una coqueta serial.

La Advertencia de la Tormenta # 26: ¡Un hombre celoso! La razón por la que él es tan celoso es porque él es deshonesto, una estafa o una coqueta serial, – todo que ahonda en maquillar un hombre celoso. Él físicamente no la esta engañando, pero él está fuera haciendo un buen esfuerzo por hacer eso.

Cuando usted le cuenta una historia a un hombre celoso que le ocurrió en el trabajo y uno de los empleados acierta a ser masculino, él completamente entenderá mal porque él es tan celoso del hombre que usted mencionó. Si él es un tramposo realmente grande o una coqueta serial, él aun puede llegar inclusive a acusarle de estar interesado en la persona.

Su historia interesante a menudo da como resultado un argumento grande y usted termina teniendo la impresión de que usted hizo algo incorrectamente. Finalmente, usted se decide que usted ya no puede compartir historias con él y ya no tiene nada para hablar.

La Advertencia de la Tormenta # 27: Cualquier hombre que se pónga celoso cuando usted habla por teléfono con parientes o niños.

La Advertencia de la Tormenta # 28: Cualquier hombre que no quiere asociarse con sus decentes, honrados compañeros de trabajo, excepto las percepciones corectas en su casa con sus amistades de vida humilde.

La Advertencia de la Tormenta # 29: Cualquier hombre que se convierte en un observador de reloj. Él siempre cuestiona la cantidad de tiempo que se le requiere para llegar a casa de trabajo o carrera para la tienda.

La Advertencia de la Tormenta # 30: Cualquier hombre que no tiene un plan quinquenal. Si él no tiene un plan, a él le falta la ambición y no va a ningún lado rápido.

Si el hombre no posee una casa, ¿ tiene él un plan para hacer eso?

Si el hombre está metido en deudas, ¿ él tiene un plan para salir de éllas?

Si el hombre ha trabajado en la misma posición por varios años, ¿ tiene él un plan para ser ascendido?

Si usted y este hombre van con rumbo hacia una unión más establecida juntos, ¿ él tiene matrimonio en su plan?

Si el hombre tiene problemas de salud, ¿ tiene él un plan para mejorar su salud?

Si el hombre un alcohólico, ¿ piensa él dejar de beber?

Cualquier hombre que está falto de ambición está apegado a la pausa, y cualquier mujer que decide enganchar su pequeño vagón rojo para el de él se encontrará pegada en la pausa también.

La Advertencia de la Tormenta # 31: Cualquier hombre que sólo hace cosas bonitas para usted tan largo como él resulta de verse como un gran amigo para sus amigos y la familia. Él es un farsante verdadero; Todo es para él ante todo y tal vez no para usted. Los regalos que usted recibe de él parecen que son secundarios a alguna función fuera del plan de él. Esa es la mirame a mí " mira lo que he hecho por ella " plan.

La acción graciosa es sólo ayudar a mantener su apariencia como el Sr. Wonderful. Tan pronto como todo el hoopla se termina, Sr. Prick cría su cabeza fea otra vez.

El #32 de Advertencia de la tormenta Cualquier hombre que hace una petición sexual que usted considera extraño.

Tormenta Warning # 33 Cualquier hombre que es egocéntrico o egoísta.

Él generalmente elimina cualquier esperanza de usted iniciando hacer el amor. Él controla lo cuando, donde y cómo.

Tormenta Warning # 34 Cualquier hombre que negocia usted como un bebé de importancia secundaria una vez que usted ha hecho su relación oficial. Él siempre pondrá de primeros a las otras personas y los objetos inanimados. Él más bien le confinaría su bote del róbalo estacionado un lado del garaje antes que tenerle caja fuerte y fuera de los elementos cuando usted vuelve a casa.

El #36 de Advertencia de la tormenta Cualquier hombre que es un hobbyist para lo " el quinto poder."

Un hombre con pasatiempos muy de más – como cazar, pescando, la acampada, jugando a los bolos, etcétera. – No anda buscando a una esposa potencial, él anda buscando a una criada que cocine y limpie a su pescado y separe sus juguetes. Su primer amor siempre será sus juguetes, así que si usted no quiere gastar cada temporada de caza, cada estación de pesca y cada boliche maduran a solas, no se engarzan arriba con él a menos que usted se asegure de que él le invitará a participar.

Su meta es mantenerle embarazada y en casa. No caiga en el anzuelo porque este amigo allí afuera tendrá toda la diversión y usted quedará criando a los niños a solas.

Tormenta Warning # 37 Cualquier hombre que constantemente se queja que usted no pueda hacer nada corecto, no importa cuán simple la tarea pueda ser. El problema de este amigo es que mi mamita le ha malcriado y si usted no hace eso tal como mi mamita lo hizo, él no es feliz.

Tormenta Warning # 38 Cualquier hombre que tiene un coche elaborado, barra de camioneta o caliente y tiene por regla mantenerla de alguna vez guiarlo.

Tormenta Warning # 39 Cualquier hombre que no está nunca dispuesto a realizar obra de mano o es considerado Perezoso.

Tormenta Warning # 40 Cualquier hombre que está en la "persona sexualmente activa y promiscua" o "del estilo de vida".

Debajo hay una lista rápida de guía en la referencia que hice usar mis rasgos de personalidad. Parece justo decirle que no siempre tuve estos rasgos, pero, afortunado para yo, decidí usar mi conocimiento acerca de mujeres para el bien en lugar de la maldad. Esa sugerencia pequeña llegó directamente de Dios.

Ahora soy conocido como el producto final.

A menudo recuerdo una de mis líneas favoritas de la película "Vanilla Sky," el que mira fijamente Tom Cruise y Penelope Cruz.

Al final de la película al estar de pie sobre el techo, Crucero dice,

"Cada minuto pasajero es otra probabilidad para doblar todo el alrededor".

Si usted piensa acerca de eso, esa declaración es muy cierta. No es nunca demasiado tarde deshacerse del mal de sus alrededores.

Señoras, usted tiene que tener por entendido que un hombre tiene que decidir por su cuenta convertirse en el hombre que Dios intendio que el fuera. Usted no lo puede obligarlo a aprender lo que yo he aprendió acerca de la mejor y la forma más respetable para tratar a mujeres.

La revelación de cada hombre debe llegar a él cuando – y si – él está listo a dejarla entrar. No se engañe en creer que usted puede cambiar a cualquier hombre por lo mejor. Él puede hacer lo que usted quiere por algún rato, pero la criatura profundamente dentro de el, siempre regresa en algún punto.

La siguiente lista puede tener la apariencia de una imposible, pero puede confiar en mí, si usted se mantiene lejos de los hombres en la lista precedente, usted puede encontrar uno de la siguiente <u>lista.</u>

```
    Este siguiente y la última sección del
   Manual es una lista rápida para ser usada
   por mujeres divorciadas que salen en citas,
   poco antes de encontrarse por una fecha o
   siempre que usted quiera un recordatorio
   rápido de lo que les espera afuera.
```

LISTA RÁPIDA

Los buenos tipos

El tipo de hombre que una mujer divorciada debería salir a buscar es:

1. Uno que es respetuoso a todo tiempo , aun durante desacuerdos.

2. Uno que puede admitir cuándo él , se equivocó.

3. Uno que puede decir lo siento y lo quiere decir.

4. Uno que es una persona otorgante, así como también una persona compartidora.

5. Uno que tiene una meta diaria de poner una sonrisa en su cara.

6. Uno que tiene respeto por sus niños y sus logros.

7. Uno que tiene un plan quinquenal para mejorar su estilo de vida.

8. Uno que no tiene la noche de fiesta de amigos.

9. Uno que la besa por lo menos una vez un día como la primera vez.

10. Uno que le toca en una forma segura en vez de una forma sexual cuando usted acierta a estar junto.

11. Uno que está completamente a su favor cuando usted le cuenta sobre esa Jezabel en el trabajo que está obviamente tratando de vencerle contundentemente.

12. Uno que nunca le dejaría ir para trabajar falto de dinero para almuerzo.

13. Uno que está dispuesto a ayudar con el quehacer doméstico.

14. Uno que le trae florece sin ninguna razón aparente aparte de para amenizar su día.

Acepte antes de que sigamos adelante hacia la sección final de este Manual, siento que hay que hablar de un último asunto sumamente importante que muchas mujeres divorciadas que salen en citas enfrentan hoy dia.

Ese descendiente es la " mujer retrasada " Que se ha vuelto lavada del cerebro por hombres.

LAS MUJERES LAVADAS DEL CEREBRO

Una mujer retrasada que se ha enamorado de una de las criaturas más despreciables en el planeta hará virtuosamente cualquier cosa para complacer a esta criatura.

¿Y cómo sé que estas mujeres lavadas del cerebro retrasadas particulares existen?

Porque hay una cultura rápida creciente que fue una vez considerada prohibida y fue mantenida profunda clandestinamente en la mayoría de los casos.

La cultura que una vez se llamó "a el Bamboleo " ahora se refiere como " El Estilo de Vida."

Este estilo de vida es tan perturbador que no sé dónde comenzar.

Al investigar el estilo de vida para este Manual tuve chance de entrevistar más que 20 mujeres que participan de eso.

No fue de asombrarse a mí que un hombre inició casi todas de ellas en el estilo de vida. Estaban saliendo con alguien o recientemente se habían casado.

Al momento de la investigación no podría encontrar a un hombre que se confesó responsable de estar iniciado en el estilo de vida por una mujer.

Los únicos hombres que se acercaron a ser introducidos en el estilo de vida por una mujer, fueron los hombres quien ya chapurraban otras clases indecibles de perversión.

Lo que fue más perturbante para mí, mientras investigando este fenómeno extraño fue cómo estas criaturas enteramente lavaron el cerebro de las mujeres en creer que las amaron! Los actos que realizaron en otras mujeres debieron a la manera de ellos realzar y mostrar su amor.

¡Déjame en paz! ¿Quien Compra este sinsentido del toro?

Hay algunas cosas en la vida de que uno no puede cambiar la definición de cualquier forma, no importa que duro usted intenta.

Dios mío - el ser sobrenatural concebido como el originador perfecto y omnipotente y omnisciente y el gobernante del universo.

Muerte - El fin de la vida

Impuestos - Una retribución cargada a la cuenta ("reclutado") Por un gobierno en un producto.

Amor - una emoción fuertemente positiva de

El aprecio y el afecto de devoción afectuosa.

La devoción también quiere decir – el Anexo, la lealtad, la fidelidad, el compromiso, y la dedicación.

Estas criaturas invertebradas no están metidas en este estilo de vida por amor, pero para alimentar sus fantasías sexuales grotescas.

Estas criaturas son lo más bajo de bajo para una mujer divorciada y en muchas formas sumamente peligrosas causándola para dar la espalda por fe y Dios.

Estas criaturas aun llegarán inclusive a obligar a una mujer heterosexual a realizar Hechos lesbiano para satisfacer a su desviacionista desea.

Señoras, si usted alguna vez considera volviéndose involucrado con alguien adentro de este estilo de vida, sólo quiero darle un último cheque perturbador de realidad en cómo podría estar su vida amorosa sólo si usted decide participar.

Imagino que usted está en una fiesta de estilo de vida y su consorte está a través del cuarto competiéndole a alguna mujer extraña. Están desnudos y él está a punto de tener sexo con ella como los otros se queden mirando.

Como él comienza, él mira directamente a sus ojos y susurra, " le amo, " seguido por un guiño y una sonrisa abierta siniestra de placer.

¿Puede Alguien en este planeta verde de Dios, decirme como eso se podría considerar amor?

Ese es un caso bien definido de lavarle el cerebro. La mayor parte de las mujeres que tuve chance de entrevistar parecieron muy inteligentes, pero fue clara que tuviesen agudos asuntos emocionales y de autoestimas simplemente debajo de la superficie de todo el brillo y el encanto que es asociado con esta cultura de mal gusto.

Otra vez le debo decir al mismo que viste y calza un doctor, pero soy un adulto inteligente que sabe la diferencia entre el bien y el mal, y lo que estas criaturas están desempeñándose para las mujeres de nuestro mundo es desgraciado.

Debajo está el compromiso reservado para mujeres divorciadas que salen citas, que recién han completado leer este Manual. Es una forma humorística de mostrar a las personas que cautela acerca de usted que el plan de usted es hacer un esfuerzo honesto para cambiar sus hábitos usando lo que usted ha aprendido aquí. Es también una forma de conmemorar el momento que usted decidió hacer un cambio positivo.

EL COMPROMISO

Yo, _____, Prometo permanecer libre de Lemon-Creature y criatura De Dos Caras. No seré engañada otra vez, y ciertamente no seré hecha trampas u horn-swaggled (lo que quire decir eso) por un hombre con una historia sentimental, cuál puede ser muy peligroso para mis niños, mi familia y para mí misma. Y prometo esmerarme en alentar otras mujeres divorciadas que salen en citas para hacer lo mismo. La Cita:

Este libro y esta palabra es solamente para usted, la divorciada que sal en citas , que tiene una energía por derecho propio llena de influencias positivas. Conservar este libro a corta distancia le facultará a hacer a los mejores elegidos.

GUÍA DE COMPATIBILIDAD

Debajo hay un Guía simplista de Compatibilidad de Astrología para ayudar a los mejores elegidas al escoger un consorte.
Las señales de zodíaco más compatibles son mostradas debajo. Cada señal iguala mejor u tres otras señales. Acuérdese de que cabe siempre tener una relación atinada con otras señales que no pueden aparecer en su categoría.

ARIES	TAURO	GÉMINIS	CÁNCER	LEO	VIRGO
LIBRA	ESCORPIÓN	EL SAGITARIO	CAPRICORNIO	EL ACUARIANO	EL PISCIS

ARIES (El Carnero)
El 22 de Marzo hasta el 20 de Abril

EL SAGITARIO del *LEO Oregon * ARIES

TAURO (El Tauro)

El 21 de Abril hasta el 21 de Mayo

El * del *VIRGO CAPRICORNIO Oregon TAURO

GÉMINIS (Los Gemelos)
El 22 de Mayo hasta el 21 de Junio

El *LIBRA CAPRICORNIO Oregon GÉMINIS

CÁNCER (el Cangrejo)
El 22 de Junio hasta el 23 de Julio

El *SCORPIO el * PISCIS DE CÁNCER de Oregon

LEO (Lion)
El 24 de Julio hasta el 23 de Agosto

El * de *SAGITTARIUS ARIES Oregon LEO

VIRGO (La Virgen)
El 24 de Agosto hasta el 23 de Septiembre

El * del *CAPRICORN TAURO Oregon VIRGO

LIBRA (El Balance)
El 24 de Septiembre hasta el 23 de Octubre

El *GEMINI el * ACUARIO de Oregon LIBRA

ESCORPIÓN (El Escorpión)
El 24 de Octubre hasta el 22 de Noviembre

El *CANCER el * PISCIS de Oregon ESCORPIÓN

EL SAGITARIO (Sagitario)
El 23 de Noviembre hasta el 22 de Diciembre

El *LEO ARIES Oregon * SAGITARIO

CAPRICORNIO (La Cabra)
El 23 de Diciembre hasta el 20 de Enero

El * de *TAURUS VIRGO Oregon CAPRICORNIO

EL ACUARIANO (El Aguador)
El 21 de Enero hasta el 19 de Febrero

El *GEMINI LIBRA Oregon * ACUARIO

EL PISCIS (Los Peces)
El 20 de Febrero hasta el 21 de Marzo

El *CANCER ESCORPIÓN Oregon * PISCIS

Debajo de usted encontrará que una lista de personalidades basó en su año de nacimiento.

El ópalo

1900,1912,1924,1936,1948,1960,1972,1984

Las personas opalinas parecen ser dueñas de sí mismas la mayoría de las veces y son funcionamiento ambicioso, próspero y duramente. Muchos amigos pueden murmurar al oído del uno al otro acerca de avarientos que son personas opalinas.

Obsidiana

1901,1913,1925,1937,1949,1961,1973,1985

Las personas de obsidiana son conocidas trabajadores despacio meticulosos que se inclinan a ser muy listos con sus manos. Pueden ser pacientes y quietos mientras feliz para escuchar a otros. Estas personas son miradas por otros tan muy exitoso. Aun así, lo enojan fácilmente y lo exhiben abiertamente. Desprecian el fracaso de otros que los pueden circunvenir.

La turquesa

1902,1914,1926,1938,1950,1962,1974,1986

Las personas turquesas son generalmente personas que son muy atrevidas y disfrutan de excitar cosas. Se sabe que están algo sensitivos y a menudo muestran compasión hacia otros abiertamente. La única cosa que les previene de que el éxito rotundo es su habilidad para ser conocida tan en seco templado estrecho dispuesto, y excesivamente sospechoso.

Mercurio

1906,1918,1930,1942,1954,1966,1990

Mercurio las personas son generalmente muy música popular, sabia, talentosa, del inconformista, de amor, deportes y teatro que pueden ser alegres y gregarias a veces, pero pueden tener momentos de cólera que se origina y va

rápidamente.

Cuarzo

1907,1919,1931,1943,1955,1967,1979,1991

Las personas de cuarzo son conocidas mejor como seguidores en vez de líderes, lo cual es completamente esperable para ellas. Son personas muy suaves, sabias y artísticas. A menudo el tiro pesimistas, e inciertos, tienden a mirar hacia otro para la guía. Típicamente no pueden tener riquezas sino pueden parecer disfrutar de un sustento confortable a todo lo largo de su tiempo de vida.

Mica

1908,1920,1932,1944,1956,1968,1980,1992

Las personas de mica son muy de artimaña fuerte lleno con sentido común. Son graciosas y disfrutan de dar risa a las personas. Se sabe que tienen un montón de buenas ideas para el negocio pero muchos compañeros de trabajo abajo de la obra teatral sus esfuerzos.

Níquel
1903,1915,1927,1939,1951,1963,1975

Las personas de níquel tienen la tendencia para estar deprimidos durante ciertas veces del año. Pueden ser realmente ambiciosos y afortunados. Se sabe que de muchas personas Níquel logran un nivel alto de éxito financiero. Muchos amigos cercanos dirían que fueron inteligentes confiables y tiene la capacidad de pensar claramente por qué los otros no son.

Grafito
1904,1916,1928,1940,1952,1964,1976,1988

De se sabe que personas grafito son un tipo muy cortés. Son también considerados exteriormente tercos y enfadadizos por su naturaleza sensitiva. Pueden ser brutalmente honestos y enérgicos.

Titanio
1905,1917,1929,1941,1953,1965,1977,1989

Las personas de titanio tienen demasiado simpatía a los otros, los hombres más exitosos son usualmente muy mozos, listos y románticamente chistosos. Las mujeres son simpáticas importarles y tienen un apego para animales. Todo está muy resuelto y generalmente está trabajando en varios proyectos que eventualmente conducirán al éxito. Aunque son muy sabios a menudo los otros tardan en darse cuenta de allí genio oculto.

Feldespato
1909,1921,1933,1945,1957,1969,1981,1993

Las personas de feldespato pueden generalmente de atraer amigos leales y largos que dura. Son ambiciosas, decididas y honestas que les hace un amigazo demasiado muchos, muy franco en público y a veces el despliegue una desconfianza manifiesta para otros. Las personas de feldespato pueden estar completamente a gusto siendo conocidas como un solitario.

Calcita
1910,1922,1934,1946,1958,1970,1982,1994

Las personas de calcita son lo mejor en mantener secretos, lo cual las hace conocido como honesto y leal. De se sabe que personas calcita critican a los otros y son muy egoístas y tercas. Son personas muy seguras y los otros creen en su habilidad. Estas personas son muy estables en la vida.

Magnetite
1911,1923,1935,1947,1959,1971,1983,1995

Las personas Magnetite son personas muy tímidas. Tienen buenas ideas pero nunca parecen decir claramente cuándo es correcto el tiempo. Las personas Theses pueden tener mucho éxito en la vida si sólo aprendiesen a hablar con franqueza. Son honestas, sinceras con un montón de fuerza interior. Son personas cariñosas, pero pueden ser malhumoradas a veces.

"No importa quien usted fuese ayer, sólo tiene importancia quién usted quiere ser mañana. Dios lo bendiga y buena suerte."

También de sobra en español